세 그루 빈손

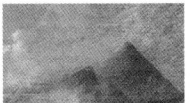

세 그루 빈손

표순복 시집

시와산문사

시인의 말

오랫동안 詩의 곁에 있었으나
직장을 핑계 삼아 시간은 늘 부족했고
혹여 여유로웠던 날들도
쓰는 방법 잘 몰라 열심히 쓸 수 없었다.

그나마 詩를 품고 살 수 있었던 지난 일 년
자연 속에 살며 그의 변화를 마구 엮어
주섬주섬 3집에 내놓는다.

다시 詩作하고 싶다, 좀 다르게

2023년 7월
표순복

차례

표순복 시집 - 세 그루 빈손

시인의 말 / 5

1부

새벽을 놓치다 / 13
시를 찾아서 / 14
길 찾기 / 15
오롯이 남아서 / 16
청소를 잘 하자 / 17
무기력한 어느 날 / 18
꿈과 실제의 사이 / 20
시간 절약하기 / 21
방아쇠 수지 / 22
더듬더듬 세대 / 23
닮다 / 24
브런치카페 / 25
노파심 / 26
꼭, 거짓말 같아 / 28

차례

2부

첫 잎 만나던 날 / 33
분재 숲 / 34
5월, 그 흰 빛의 계절 / 36
온통 노랑 / 37
가시연꽃 / 38
문학기행, 남도 들녘을 만나다 / 40
감나무 / 41
단풍놀이 / 42
대봉감 이야기 / 43
곶감 주름 펴기 / 44
가을이 지고 있다 / 45
새를 품은 감나무 / 46
박피 단장 / 47
들녘에는 향기가 산다 / 48

차례

표순복 시집 - 세 그루 빈손

3부

봄에 부활하는 여인 / 51
밥 사는 일 / 52
눈과 그리움 / 53
기다리는 동안 / 54
아버지라는 이름의 꽃 / 56
빈집 / 58
고구마 / 59
어설프게 알면 / 60
소풍놀이 / 61
10월 들녘에서 萬 걸음 / 62
그림 한 장 내걸다 / 63
그날 이후 / 64
혼돈 / 65
마음 놓기 / 66

차례

4부

봄꽃에 취하다 / 69
푸조나무 곁으로 가려고 / 70
연리목 / 72
담쟁이 / 73
조사弔辭 올리는 단풍나무 / 74
꽃무릇·14 / 75
냉이꽃 휘날리니 / 76
밤톨 줍는 9월 / 77
벽에 걸린 그림 / 78
눈 오는 들녘 / 79
눈 속 얼갈이배추 / 80
가지치기 / 81
가지 줍기 / 82
들녘 풍경 / 83

차례

표순복 시집 – 세 그루 빈손

5부

기억하지 못하여 / 87
깨벌레가 되자 / 88
생명이 있는 것들 / 90
어디로 갈까 / 91
관심 갖기 / 92
장수풍뎅이의 뒤집기 놀이 / 93
물씨 살리기 / 94
거리두기 / 96
물 없는 하루 / 97
매화 피다 / 98
매실 / 99
봄비 / 100
봄비 내려 / 101
개구리 운동장 / 102

■ **해설** | 자유롭고 자연스러운 사유의 페이지들
― 표순복의 『세 그루 빈손』을 중심으로
― 김영(전북문학관장, 전북문인협회장) / 105

1부

새벽을 놓치다

질척대는 긴 뒤척임이 생각을 덧칠하다
일어서지 못한 그리움 뒤로 새벽이 가고 있다

무뎌진 칼날 어제와 같은 자리 연속무늬를 새긴다

여백을 만들지 못한 새벽 시간
긴 한숨이 자리를 물리자

금세
금빛 아침이 들어와 앉는다

시를 찾아서

컴퓨터에다 집 한 채 지었다
블로그에 관계를 이어주는 많은 서비스가 있지만
소박한 집이 좋아 내 카페의 지기가 되었다

하루하루 허술한 삶을 씻고 닦아서
내 오두막에 갈무리한다
가끔 먼 길을 헤매다가도
쓰다만 시들이 기다리는 내 집으로 온다

가끔 외도를 한다 진실의 시어를 찾아서
이 집 저 집 문을 두드리지만
가슴에 담기지 않는 시어들
여기저기 클릭을 하다 돌아 나올 뿐이다

시의 씨앗은 보이지 않는다
파종하지 않은 밭은 봄볕이 이르다
하루해가 멀어지면
눈이 아픈 오두막에서 잠을 잔다

길 찾기

서른이 넘도록 제 길을 못 찾은
딸아이와 저녁 운동길에 나선다
늘 걷던 길 두고 모르는 길로 들어선다
긴 시간 길 찾아 헤맨 딸아이
언젠가는 딸의 길이 있을 거라 앙가슴 쓸어내리는데
이런 어미 마음 살피지 않고 주절거린다
모르는 길은 멀고 아득해도
다시 돌아가기로 했어요, 라는 말이
형이상학으로 다가와 꽂힌다

길을 찾는지 길을 만드는지
믿고 믿는 딸이기에
아는 길을 가라는 것이 잔소리 같아
그저 지켜보고만 있다
답답한 가슴 눌러 내리며

가던 길 꺾어 어느새 시작점이다
무엇을 두고 온 듯 자꾸 뒤돌아본다

오롯이 남아서

13세기 세계를 제패했던 칭기즈칸 나라
고려 말 100년 동안 그 딸들 고려로 시집보내
우리나라를 속국으로 관리했던 나라

음지전 양지변 몽골에 도네이션 갔다가
길도 없고 이정표도 없는 곳에서 길을 잃었다
하필 비는 내리고 또 내리고

길에 빠진 대형버스 겨우 밀고 달래서
목적지에 도착해 일을 마쳤다
땅만 넓지 살 곳은 못 된다 입을 모으는데

3박 4일 정들었던 가이드의 마지막 어눌한 인사
- 몽골 못 쓰겠더라 하지 마시고 또 오셔야 해요
우리도 한국처럼 잘 살고 싶어요. -
목 맺히게 뱉는 한 마디, 가슴 한복판에 걸리고 말았다

저 깊은 곳에서 아직도 울고 있다
두 해나 건너간 시간 속에서도
그 말 오롯이 남아 있다

청소를 잘 하자

청소를 잘 하자
여고 2학년 2반 교실에 걸린 급훈이다
하도 시답지 않은 훈령이라
그깟 청소 뭐 대수라고 콧등으로 뭉개버린 급훈
학교 떠나온 지 사십 년이 넘어
시답잖은 청소 잘 하기가 여직 남아 의미를 새기고 있다

살아 계실 적 이른 기침하시어
기역자의 몸으로 티끌한 점 없는
마당과 마루를 쓸으신 참 불편한 시어머니인데
시어머니 가신 지 열두 해가 넘고
직장 떠나온 지 한 달 지나
깨끗한 내 방의 티끌을 줍는다

내 신변 더러우면 마음속의 때 겹겹 될까
깨끗한 방의 먼지라도 가끔 살핀다
보이지 않던 분진 모아져 급훈이 살아난다

무기력한 어느 날

아무것도 할 수 없을 때가 있다
쉬운 일조차 어려울 때 있다
어쩌면 하기 싫다는 말
그 말이 더 옳을 것이다

무기력증이 도지면
널찍한 공간 네모나게 걷거나
너른 창가에서 빈 바람을 맞아본다
극복의 묘책 들지 않지만
비슷한 처지 사람들과 수다를 떨거나
그들이 내 시간 원할 때 바쁘다며
친구가 되지 못한 미안함이 있다

퍼진 몸으로 일을 처리하고
넉넉한 시간 들 매고 걷는다
짧은 거리 서너 명 아는 이를 만나고
마지막 사람 클렉션 울려 아는 체를 한다
뻔한 근무처를 물으며
첫 마음 변치 말라 위로 아닌 위로를 하는데
구구절절 변명은 필요치 않다
그저 씩- 웃어줄 뿐

나는
다시 내 자리로 돌아와 일상을 잇는다

꿈과 실제의 사이

수십 개의 화분에 조그만 식물이 살고 있다
모로 누운 채 그들은 검은 빛으로 시들고 있다
목숨 줄 버리기 전 살려야 하는 것들
두 손 가득 맑은 물 채워 퍼 나른다
손가락 사이로 내리는 물, 물관 깊숙이 끌어올려
죽어가는 것들은 화답을 한다
작은 몸 반짝이며 생명을 들어 올리고 있다
간밤 등판을 달구는 따스함은 만족이었으나
안주하던 의식은 12월 31일을 기억해 낸다
꿈속 시들어가던 식물이 생명을 들어 올리듯
나른한 육신을 앞혀 새해 새다짐 새길 시간
간밤 식물을 살리던 정성은
안주한 삶을 흔들어 직립보행을 부추기고

창 밖에 기다리던 눈雪이 가로로 달린다
몇 사람이 불편하고 혹은 몇 사람
슬픔이 오더라도 이기적인 의식은
작년에 오지 못한 눈을 펑펑 기다리고 있다

손가락 사이로 차가운 물이 빠져 나간다
꿈과 실제 경계를 벗기며 일상이 들어앉는다

시간 절약하기

출근하지 않아도 되는 퇴임 후 첫날
직장생활 내내 머리에 박힌 시간 절약하기
주방 일에 멀티 되어 수선을 피운다

푸성귀를 다듬고 삶아 갖은 양념에 묻혀
멸치볶음 제육볶음 해치우는데
사소하고 하찮은 것 같아 속도를 낸다
인터넷 강좌는 이어폰으로 붙이고
다이어트 겸 몸동작은 빠르게
국물용 육수를 갖은 재료 넣어 끓이는데
한여름 주방 열기 가속도 내어
불가마 속 달군 몸에 땀방울 길을 낸다

무리한 동작 부서져 내린 육신
낮잠 한 소금 불러 기어이 주저앉힌
허사가 된 내 삶의 시간 절약하기

방아쇠 수지

탕 탕 탕 방아쇠를 당기는 엄지손가락
의지와 상관없이 튕기고 구부러져
왼손으로 오른손 부축이며 산 다섯 달
가을 곶감 주름 펴다 생긴 직업병 같은데
열 손가락 깨물어 안 아픈 손가락 없다더니
오른 엄지 제 기능 못하자
삶의 질이 형편없어진다

과일을 깎거나 가위질 하는 일
설거지며 손빨래 비비는 일
휴지 한 장 뜯는 것조차 힘에 버겁고
약 봉지는 치아가 대신 열며
축조의 봉투에 이름 석 자 적는 일도 어려워
다섯 달 버틴 지난달에 수술하고
오른손잡이 역할을 왼 손이 대신한 2주 후
실밥 풀어 자유 찾은 나의 두 손

매실 따고 블루베리 따며 엄지가 필요한 농장 일
키보드 위 자유로운 두 손 올려 원 없이 찍는 글자들
몸 성할 때 어르고 달래가면서 살자고 두 손을 바라본다

더듬더듬 세대

육십 중반을 넘긴 아날로그 세대가
스마트폰을 사용하다 생기는 일 중
요금 아낀다고 데이터 꺼 놓고선
답이 필요한 급한 메시지 카카오 톡으로 보내며
답이 없는 상대 원망하며 지냈다는데

자신이 보낸 톡 조차 잊고 지낸 며칠 후
동안의 부재 원인 자신임을 알아
이래서 오해인가 한참을 웃었다는데
그럴 수도 있지 하면서도
모르는 원망에 사과라도 받아야 할 것 같은
우리는 아날로그 세대

언젠가 윗분에게 보낸 어려운 카톡
이삼일 읽지 않아 떠 있는 원망의 숫자 1
이런 저런 망상 끝 꺼진 데이터 탓인가
전화로 데이터를 온(ON)해 드린 일

하나만 알아 오해를 낳고
LTE급 세대와 한 세대 이뤄 살려면
더듬더듬 소통이라도 제대로 해야지

닮다

나 어릴 적 보고들은 기억 중에
곳간 가득 넉넉한 쌀이 있어도
족보 일하는 사람 꼭
없는 우리 집 데려오신 먼 집안 어르신

부자는 더 부자로 집안을 살리고
가난은 가난을 또 부를 것 같은
저녁 끓일 것 없어도
지나가는 까마귀 불러 나누는 술 한 잔
까맣게 속 타는 엄마의 고통에도
나눔을 실천하신 아버지

허허호호 호탕한 마음만은
차고 넘친 부자 아버지를
나도 닮는다, 닮아가고 있다

브런치 카페

귀에 안기지 않는 서양식 긴 이름
딸에 이끌려 간 오전 11시 브런치 체험
말로만 듣던 브런치가 브레이크퍼스트와 런치를
합하고 줄여 '아점'인 것을 새삼 확인하며
생소한 메뉴 앞에 아메리카노 한 잔 주문하고
딸의 처분을 기다리고 있다
치아바타 샌드위치와 메론 쉐이크를 주문한 딸은
엄마는 무엇을 먹고 싶은지 재차 묻지만
토스트를 주문한다기에 끄덕이자
식빵 위에 야채와 새우를 얹은 아보카도오픈토스트가 나온다

둔전거리고 낯설어도 생각보다 맛이 있어
다음에 또 오자 말하려는데
동네 어르신 두어 분 단골인 듯 들어서고
카페 주인 반갑게 그들을 맞는다

노파심

팔순이 넘은 노모 입맛 없다 하시며
영양제라도 먹으면 어떨지
인터넷에서 싸게 사보라 막내에게 부탁이시다
노인에게 맞는 영양제로 뭐가 좋을지
오메가3 종합비타민 칼슘 철분 클로렐라
홍삼 한약 종류도 많아 무얼 고를지

"집에만 있응게 징허게 답답하고 어지럽다. 일거리가 있어야 밥도 꺼지는디, 가만히 앉었은게 입맛도 없고 막 돌아댕겨야 소화도 되는디, 어지러 뇌신 먹었더니 쪼께 낫다"며 힘없는 목소리로 주절주절 하신다

코로나 세상 젊은이도 답답한데
교회 문 닫아 예배도 못 드리고
경로당은 왕래 덮은 지 오래
주말농장 눈 쌓이고 얼어붙어 할 일도 없고
사는 게 재미없다 하시는 엄마

세계 최고령 118세 다나카 할머니 장수 비결은
맛있는 것 먹고 공부하는 것이라는데
엄마는 먹고 싶은 것 없고 공부할 것 없고

젊을 때 좋아하던 한자 공부라도 권해 볼까

팔순 넘은 노모 또 부탁이시다
영양제 먹고 몸 나면 큰일이다 잘 봐서 사라 신신당부하시는
영양제 사기 전부터 걱정도 팔자다

꼭, 거짓말 같아

긴 가뭄 주말농장 고추밭은 누런빛이다
감밭의 풋열매도 주름을 새기고 있다
물기 마른지 오래
핏기를 잃어버린 생명들
주인도 검은 낯빛으로 둘레를 서성인다
하늘 바라보기 여러 날
주인은 먼 곳의 물을 퍼 나른다
기적을 바라지 않는다
생떼 같은 것들의 목을 적셔준다
이튿날
안부를 묻던 주인은 갸우뚱한다
이상하다 이상하다
하룻밤 새 이리 달라질 수 있다던가
푸른빛으로 일어서는 고추밭
수런수런 생명이 일어서는 소리가 들린다
주름 편 풋감들이 탱글탱글하다
목숨 같은 물 한 모금으로 작물은
저녁내 온 몸을 담금질 했으리
물 한 모금으로 생명을 구했다는 말은 기적이 아니다
웃음 오른 주인 얼굴은 윤기가 난다
퍼 나른 생명수가 마중물 되었던가

기적이 보이지 않을 때도 기적은 모르게 온다
빗소리 찰방찰방 차오르니
푸석한 생명들 기운을 얻어 푸르다
이제 해갈이다

2부

첫 잎 만나던 날

3월 첫날에 고창의 청량산에 갔다
한 해의 첫 잎을 만나는 일이
나를 개벽하는 일처럼 신선하다

초록은 새 잎을 내려고
온 몸에 투명 전구를 매달았다
물오른 가지를 오르내리는 수은주는
청량산을 꿈틀거리게 한다

어깨춤으로 찾아온 바람은
골짜기 물소리를 들썩거리고
뿌리 늘리느라 부산한 나무들은
머뭇거리는 봄비를 산으로 유혹한다

보아라, 생명의 소리를
어린 것들은 초록으로 발광중이다
방울방울 꽃눈 움켜쥔 꽃가지
부스럼 돋듯 내 몸에서 꽃눈 터진다

분재 숲

분재 숲 한 채가
서울에서 우리집 마당으로 이사 왔다
귀향한 집안 아저씨가
남편더러 살날이 네가 더 많으니 가꾸라 하였다
삼백여 개의 분재 화분은
시골의 바람 길과 물먹은 구름 속을 아는지
메마른 서울 촌티를 버리고 푸르고 싱싱하게
머리채를 방장산에 두르고 낮게, 낮게 자랐다
해질 무렵 분재 숲에 앉아 명상을 하면
분재도 떠나온 서울을 생각한다
초승달이 낮게 내려와
저 별은 서울별이고 이 별은 시골별이라고
누누이 손짓하며 가리킬 때
밤은 깊어 분재 숲도 나도 고요하다
너와 인연은 태어날 때 생긴 것일까
집안 아저씨도 남편도 우리집 마당도
네가 올 것을 알고 자리를 비워두었는데
나도 허전한 마음 한구석 남기고 살아온 것은
누구를 위한 것이었을까
이제 기도의 시간을 기다릴 필요가 없다
푸르게 낮게 기도의 문을 열어주는 분재 숲

작은 땅이 제 세상인 줄 아는 그 곳에서
나의 손이 비어 있어도 슬프지 않다

5월, 그 흰 빛의 계절

이팝꽃이 차린 쌀밥 가득한 밥상
아카시꽃 주렁주렁 함께 올린 한상차림
백당나무 층층나무
감추고 보이며 한몫 거들고
층층시하 시집살이 아직도 남아

흰색의 계절인 푸른 5월에
추억 부르는 삐비 꽃 다시 솟는데
논에 파종한 청 갓이
노란 봄 거두고 흙으로 누워 가면
입하에 내린 못비로 물 잡은 논에
일 년을 심는 우리네 농촌 사람들

흰 꽃의 계절에 심은 어린모가
가슴 가득 흰 빛을 새겨 넣고
제 안에 하얀 쌀 톨 품어 키워 가겠다

온통 노랑

오월 초사흘 신록을 만나
옐로우 시티 장성호에 발을 묶습니다
부자 되고 싶은 도시 금빛 꿈을
덩달아 꾸어보는 한나절입니다

노랑 잎을 단 가로수를 만나고
바위벽을 감싼 담쟁이 노란 잎을 봅니다
노랑을 물고 하늘로 솟은 측백나무를
눈부시어 우러릅니다

도토리 찾아 들썩이는 다람쥐의 몸짓에
큰 몸 부르르 떠는 풍매화風媒花들
옐로우 시티를 그려놓은 호수에 내려와
노란 띠를 두른 채 잠들었습니다

미풍에도 산을 넘는 송홧가루는
잔잔한 물결에 금가루를 뿌려놓고
나무들은 물속에서 녹색을 갈아입는 중입니다
나는 오월 초입 금빛 너울을 쓰고 서 있습니다

가시연꽃

눈부신 백련을 쫓아다니다
까칠한 가시연을 만났습니다
섬뜩한 가시가 싫어 몇 년을
못 본체 지나쳤습니다

제 몸에 주름을 만들어 가시를 감추고
세상 귀퉁이 날을 세운 채
경계의 눈빛으로 살고 있었습니다

온 몸에 가시를 키우고도
비 한번 몰아치면
제 성깔 못 이겨 지레죽고 마는
도도한 가시연
무엇이 두려워 가시를 키웠을까요?

흰 빛 사랑 거두어
가시연의 아픔을 보듬습니다
물 바닥 묏방석 잎에 작은 손 올려놓자
가시 몇 개쯤 기꺼이 내놓으니
살 속을 누르는 통증
이마저 사랑입니다

작은 산을 품은 속내 깊어
대궁 밀어 올려 꽃심 젖힌
한낮의 붉은 사랑을
오롯이 담아 둡니다

문학기행, 남도 들녘을 만나다

문학기행을 가면 자연이 먼저 반긴다
여다지해변 시비 속 한승원 시인보다
바다를 보듬고 사는 갈대를 만났고
이청준 작가의 생가보다
골목을 낮게 기어가는 나팔꽃을 보았다

남도에서는 들녘이 먼저 반긴다
기행 길이 좋아 따라오는 넓은 들녘
금빛 보릿대 타닥타닥 흰 연기로 올라
때 아닌 운무의 바다가 되었고
이때 처음 연기의 황홀함을 느꼈다

보릿대 타는 냄새는 작가의 체취보다 좋았다
통통하게 살 오른 보리알 내어주고
살아온 삶들 제 자리에서 재가 되고 있다
너른 들 하얀 차일로 가리고
만장 펄펄 날리며 하늘로 가고 있다

보릿대 타는 날의 남도 문학기행
문학의 구속에서 벗어나 자유인이 되었고
몸 여기저기 배어있는 보릿대 타는 냄새가
문학기행에서 건져 올린 시보다 낫다

감나무

설날 아침
감나무 밭고랑을 지나 언덕길 올라
부모님 산소에 든다
앙상한 가지 사이로 바람이 지나간다
이리 초라하다며 감나무 가지를 잡는 손자

철없는 손자 굽어보던 감나무
알았다는 듯 흔들리며 끄덕인다
치렁치렁 주홍열매 매달고
출렁이던 가을은 찬란했다
나무 붙들고 보채던 잡풀도 감빛에 놀라
산밭의 고요는 짙었다

생전을 자식위해 진 다 빼시고
앙상히 늙으시던 부모님
휑한 들판에서 하늘로 가지를 뻗은 감나무가
빈 밭 지키며 찬바람 맞고 있다

몇 해를 오르던 산밭을
손자는 이제 보았다
1월의 감나무
처음 보였다

단풍놀이

계절의 끝자락을 놓치기 싫은 사람들
붉게 물든 산을 보러 길을 떠나면
대봉시의 단풍놀이가 절정을 이룬다

우리 집 삼천여 평 과수원에도
한 치의 어긋남 없이 붉은 단풍이 들어
세상의 단풍놀이 귀로 본 지 십여 년
아끼는 사람 찾아 매일이 몸살이다

10월이 오면 대봉 예찬론자 하나씩 보태지니
외롭지 않은 계절을 보낸다
오늘도 탐스런 열매 똑똑 따서
한 알 한 알 정성을 상자에 담아 각지에 보내며
계절의 절정에 대봉시와 단풍놀이 중이다

대봉감 이야기

돈이 된다고 일확천금을 꿈꾸었던가
머릿속 생각이 바로 행동인 그가
십수 년 전 대책 없이 심은
삼천여 평 감나무 밭에서 이십 여일 붙들려 있다
농사를 지어본 사람은 안다
부자재 값 비싸고 인건비 높아
돈 안 되는 농사라고
마음 헤아려 주는 친구 덕에 감을 고른다

나무는 고목으로 늙어가지만
가지치기를 잘하나 보다고
해마다 새순에서 좋은 감 무량이 내어주니
웃어야 할지 울어야 할지
구경삼아 들른 사람들이 일손을 거든다
울고 웃으며 가슴 속 응어리 풀려
오늘도 감을 따러 밭에 들고 있다

곶감 주름 펴기

대봉 껍질을 깎아
건조기 24판 위에 나란히 세워
줄을 맞추고 35도 약한 바람으로
일주일 말린 맛 좋은 갈색 곶감
주름이 단단한 겨울 산 골 깊은 계곡이다

팔순 넘은 할머니 깊은 주름
다리미질로 펴고 싶다는 조카의 말이 떠올라
보기 좋게 먹기 좋게 늘리고 당겨
보름 동안 자연 건조를 한다

곶감의 주름을 펴는 일
내 마음의 주름을 지우는 것 같아
손가락 아프게 정성의 매무새를 갖춘다

가을이 지고 있다

만 걸음을 옮기는 사이
늦가을 들녘의 계절이 바뀐다

넘실대던 노란 물결
밑동만 남겨 둔 논바닥에
가만히 누워있는 하얀 볏짚 뭉치

뽑지 못한 고춧대 서걱대는 밭고랑 옆
김장용 무 배추 푸른 한 철 자랑하며
은빛 머리털 부풀리는 갈잎 억새

미처 따지 못한 단감 물러 스산하고
우듬지 남은 대봉 몇 개는 한 장의 풍경 사진
들뜬 마음 억눌러 모두가 쉼을 맞는
차분한 계절이 오고 있다

새를 품은 감나무

키 낮은 못생긴 감나무 하나
눈 깊어 먹을 것이 없자
낮게 배회하는 마을 가까이 날짐승 끌어안아
숲 속의 날 것을 번갈아 품고 있다
지난 가을 욕심껏 열매 달아
주체하지 못한 큰 가지를
뚝 부러뜨리더니
이제야 깊은 속내 알게 되었다

덜 익은 단감 무르도록 그냥 두길 잘했어
흰빛 세상 미리 떨군 열매가
날 것의 생명을 이어줄지 몰랐지

새를 품은 감나무 아래
꼭지에 붙은 주홍 속살 몇 점이
눈꽃 세상 맑은 빛을 낸다

박피 단장

나이를 먹어 박피 수술 중인 우리 집 감나무
껍질 속에 해충 숨어들어 알을 낳고
가려운 몸으로 십수 년을 살아온 나무
낫 같고 호미 같은 칼날 연장을 들어
갑옷 된 두꺼운 껍질 빙 둘러 벗겨내어
미학의 시술로 박피 단장을 하고
큰 가지에 새살이 올라 노화를 늦춘다

각질을 벗은 감나무 뽀얀 속살에
엷은 고동빛 차림으로 봄맞이를 하고
허물 벗는 동물처럼 껍데기 벗어
가뿐해진 몸 비바람 불러
달콤한 열매를 매달 연구 중에 있다

들녘에는 향기가 산다

장미향보다 진한 자연 향이
만 걸음 옮기는 나를 불러 세우는 입동 무렵

오월 갓길로 뛰어드는 아카시향에 붙들려
가던 길 멈추고 휴게소 내려
두 손 가득 그 향 훔친 죄 생각나게 하는

어린 몸 키워 옆 들밭 시집 온 들깨목
둥근 잎 사람에게 여름내 내어주고
하얀 꽃 속에 알갱이 품어
늦가을 햇볕에 베인 몸 말리는

온몸 부수며 알갱이 토하는 갈색 아픔
향 빠진 들녘에 내 걸음 더디다

3부

봄에 부활하는 여인

그녀의 봄은 잔인하다 했지

겨울이 남기고 간 눈시울에 봄이 들면
온몸 움찔움찔 날개가 돋아
날지 않고 못 배기는 지병이 도져
산으로 들로 떠다니는 여자

바람 닿지 않는 먼 곳까지 왼 종일 날아
지순한 댕기머리 땋던 지평에
한 점 낙화 같이 두고 온 흔적을 찾아
제 몸 할퀸 봄나물 냄새
눈에 넘도록 바구니에 담으며
제가 봄인지 봄이 저인지
끝내 분간 못한 여자

그녀의 봄은 잔인하다 했지
한 시절 여윈 몸살 끝에
허물 벗는 여자처럼
이 봄
나도 다시 깨어난다

밥 사는 일

언제 밥 한 번 먹자 해 놓고
한 달 넘기고 일 년이 가도 지키지 못한 약속
당신은 혹시 그런 일 없나요
그러면서 후회한 적은 없나요

언제 밥 한 번 먹자 말을 듣고
기다려 본 적 있나요
그 밥 먹기 위하여 한 달 넘기고 일 년을
그 사람 얼굴 생각해 본 적 있나요

대가 없이 발급 받은 면죄부 같은 약속
뭐 그리 대수인가 넘길 수 있지만
연리지 같이 마주 앉아 밥 먹는 일
전생의 연이 닿아야 되는 일 아닌가요

밥 살 의미를 만들어 마주앉아
밥상 위 반찬을 같이 집으며
내 말보다 당신의 말 더 많이 들으며
가지가 다른 연리지 만들며 밥 먹는 일

태산을 옮기는 일 같은 그 약속 만들려고
나는 오늘 당신한테 전화를 합니다

눈과 그리움

오랜 시간 담아 둔 기다림
첫눈으로 지상위에 앉았습니다
야외 긴 탁자 위
대학노트 두께만큼 쌓였습니다

탁자에 두 손을 찍었습니다
찍힌 눈 거두어 눈사람을 빚고
작은 접시 위 방금 태어난 그를
살포시 앉혀 두었습니다

그리움이 숙성되는 동안
눈사람이 물빛으로 가는 동안
조금씩 자신을 내어 놓으며
긴 편지를 썼습니다

첫 눈은 아름답게 쌓이고
편지는 화석이 되었습니다
누리 가득 눈 내리는 날
눈사람으로 태어, 났습니다

기다리는 동안

마치
연인과의 약속이듯 두근댔어요
오랜만의 약속
열리고 닫히는 엘리베이터
다문 입이 열릴 때면
두 눈은 문에다 붙여 놓았지요

기다리는 동안
몇 번씩 문은 더 열리고
사람들은 모두가 부산했어요
얼마나 그리웠으면
눈동자는 문 쪽으로 길게 자라고
마른 목에 생수 몇 잔 부으며
두근두근 마음을 달랬겠어요

한 사람을 기다린다는 것
시간은 더디 지나고
작은 가슴 방망이질 귓가에 고여
윙윙 거리고 있었지요

기다리는 동안의 그리움은

고운 이야기꽃
마구마구 피워내고 있었답니다

아버지라는 이름의 꽃

1.
불같은 성격을 참지 못하고 화를 내시던 아버지
가난을 달팽이처럼 등에 지고 사시다가
어느 날 마당 한구석을 잘라 꽃밭을 만드셨다

그곳에 채소를 심고 싶은 아내와 철없는 자식들
어떤 사람은 미친 짓이라 말하고
어떤 사람은 굶어봐야 그런 짓 않는다고 빈정거렸다
나도 그렇게나 싫었던 아버지

지금 그 꽃밭에 봄볕이 지고 있다
불같이 꽃들은 피었다가 미친 듯이 진다
그 꽃밭에 앉아 아버지를 생각한다

2.
오진의 고통에 뒤늦게 찾아낸 병명은 폐암말기
이승의 마지막 6개월을 사시다
담배 한 모금 유혹을 견디지 못해
중환자실 실려 갔던 그 이튿날

뭐 그리 바쁘셨던지

붙들고 있던 삶을 아무렇지 않은 듯 털어내고
떨어져 누운 꽃잎처럼 가시었다

당신 가시고 나서야 내 나이 쉰 살을 넘고서야
철없어 이해 못한 아버지 생각에 눈물 뜨겁고
지워지지 않는 죄가 되어 남았다

당신의 그림자만 스치는 늦은 봄밤
붉은 각혈처럼 꽃잎들이 바람 따라 시들었다

빈집

바늘구멍 하나 내어
굼벵이한테 공양하고
산화한 땅콩

속 빈 강정
감쪽같이 속았네

고구마

호박고구마 밤고구마 반반 섞은 맛
달콤한 '베니하루카' 고구마를 심는다
멧돼지 내려와 파먹고
굼벵이도 갉아 먹고
그래도 사람 먹을 것 남아
추석 식구들 오붓이 먹으려고 고구마를 캔다

여름 밭고랑으로 넝쿨 죽죽 뻗어
순 뜯어 김치 담그고 나물도 만들었다
뿌리 덩이 곱게 키운 5개월
땅속으로 세운 몸 상할까
문화재 다루듯 어린애 어르듯
조심조심 호미로 괭이로 고구마를 캔다

푹 삶은 물컹한 고구마 머리맡에 두고
새벽이면 허기 달래시던 할머니
긴 겨울밤 화로의 군고구마 익어갈 때
할머니의 구수한 옛 얘기 먼 추억이 되었다

양식 없어 고구마 섞은 밥으로
끼니를 대신했던 어린 날들
이젠 웰빙식품 귀한 대접 받고 있다

어설프게 알면

아침인사로 괭이밥 꽃 한 송이 날리니
대뜸 아들이 호박꽃이냐 묻는다
1센티 못 되는 노란 꽃 서너 배 늘려 찍고
톡에서 아들은 서너 배 넓혀 대충 본다
다섯 장의 꽃잎 영상 속에서 펼친
내 손바닥보다 더 큰 호박꽃으로 바뀌는
매일 아침 안부 전하는 가족 톡 방

남이 만든 상품 그림 대신
직접 찍은 대봉 한 컷 배추 포기
들녘의 풀꽃 일출의 장관
흰 구름 푸는 시린 하늘 담아
날마다 새로움을 싣는 가족 톡 방

진실이 가려진 스마트폰 가상현실에
때로 우리는 착각하며 산다
호박요리와 노란 호박꽃
연결 지을 줄 알아 다행이야 아들, 참!

소풍 놀이

뒤척이며 날을 보내고
싸고 지고 인적 없이 고요한 계곡
맘 맞는 서넛의 문우가 소풍 놀이 중이다

뜻 맞춰 피는 함박꽃 소리
산천을 흔들고
비를 거둔 하늘은 투명하다
갈맷빛 가득한 오월
몸에 붙은 오욕을 털어낸 초록
소풍 끝낸 시인을 생각하며
세상 모든 날이 소풍날이면 좋겠다고
빗물 받아 배부른 계곡물
소리 요란한 감성으로
한 편의 시를 적는다

10월 들녘에서 萬 걸음

하루 일만 보 챌린지를 들녘에서 시작한다
담 없이 트여 이리저리 이어지는 농로에
가을걷이 서두르는 콤바인 기계 대기 중
들녘에서 시작한 하루 일만 보
일곱 날 지날 즈음
논배미 하나 알곡을 거두고
만 걸음이 열일곱 번을 옮겨가는 동안
삼 할의 논, 흙이 되어 밑동을 안고 있다

출렁이는 가을에 자신을 모두 비워 두고
황량한 벌판 찬바람 내리기 전
땅을 향한 벼이삭
고개 숙인 의미를 다시 배우는
여문 쌀알 들녘을 걷는다

그림 한 장 내걸다

들녘을 노랑물감으로 칠했던 벼이삭
농부의 마음까지 물드는 그 가을을
나는 숨 쉬듯 마음에 들여 놓는다

낙엽이 제 갈 길을 찾아가는 입동
시린 바람이 관절을 꺾어 놓아도
아래로 아래로 은행잎이 노랗게 눕는다

환경미화원 두 분
은행잎만큼 노란 조끼를 입고
빈 가슴에 온기를 불어 넣는다

마음 밭 일구는 가을에
나는 액자에 노란 그림을 담고 있다
들녘과 은행잎과 미화원 두 분을
눈 안 액자에 실어 마음 벽에 내건다

그날 이후

어린 시절 최초의 기억은
네 엄마는 떡장수이고 네 아빠는 엿장수란다
하릴없이 놀려대는 집안의 큰 사람들
진짜 부모를 만나러 무작정
길을 나선 다섯 살의 기억

좋아하는 할머니도 한편이던 삼촌도 고모도, 믿었던 엄마마저 시어미와 남편 눈치를 보아 당신은 내 엄마가 아니라 하니 저 아래 조금만 내려가면 친엄마를 만날 수 있다고, 5살 어린 내가 어둑해지는 어느 초저녁 진짜 부모를 만나러 길을 나선 일, 울지도 않고 큰 사람들의 말을 믿어 조금만 내려가려고, 친부모가 나를 기다리고 있어 용기를 내어 가겠다고, 독립 가구에서 큰 도로까지는 백여 미터가 넘고, 이십여 미터쯤 내려갔을 때, 나를 데리러 온 사람은 떡 장사나 엿 장사가 아닌, 집에 사는 엄마이고 나를 놀리던 아빠이었다

그날 이후, 부모 일은 잠재워지고

혼돈

사는 일이 걱정 없는 날 없다고는 하나
해결되지 않은 낮 동안의 고뇌가
살얼음판 위에 미끄러진다
캄캄한 동굴을 빠져 나가면
밝은 햇살 만날 수 있을 텐데
잠자리까지 따라온 고뇌가
혼돈 속에 지각변동을 일으키고
나무와 숲 내川도 집도 꿈틀꿈틀
거대한 산이 통째로 흔들리며
아래로, 아래로 옮겨져 간다
작은 쪽배 위에 몸을 의지하고
그저 물의 흐름 따라 나를 맡긴 꿈

아무도 편 들어주지 않은 한낮의 절망이
밤이 만든 꿈속에서 진실을 쫓아
같이 어울리며 흔들거리고
제 자리로 돌아온 현실에 고뇌를 벗어
또 다른 하루가 산 중턱에 올라 눈이 부시다

마음 놓기

정년 지나 인생 2막에 선 나를 두고
5년을 더 근무할 수 있어 좋은
직장의 현직 내 친구

진안에서 직장 있는 전주로
시어머니 모시고 농사짓는 고창으로
고창에서 사무실 한 시간 넘는 출퇴근길
안심찮아 한 작년 겨울
눈길에 두 번의 교통사고를 낸다

아슴아슴 제 몸 부서지고
손발 되어준 자동차를 폐차하고
두려워 운전대 버리고 결심한 걸어서 5분
옥탑 방 하나 있어 안심이다

기름값 보다 길가에 떨군 시간보다
더 이로운 것을
진즉 그렇게 살지 이제야 내 마음 내려놓는다

4부

봄꽃에 취하다

3월의 볕에 나무시장에서 사 온
꽃 사과와 홍도화를 바라보는데
꽃 좋아하는 집안 아저씨
글 쓰는데 도움 되라며 선물한
애써 키운 꽃나무 수십 종

진노랑과 자주색 팬지 작은 미색 팬지
흰빛과 보라가 한 꽃인 빛깔 고운 삼색 제비꽃
잎만 있는 데이지 백일홍 아프리칸 매리골드
이름도 예쁜 뼈에 좋은 골담초
매혹의 향 꽃 한두 송이 남은 미선나무
키 작은 미스김 라일락과 홍매화 묘목
자잘하게 막 꽃을 피운 조팝나무
5미터 넘는 덩굴식물 마삭줄은
아치형으로 구부린 대나무 양쪽에 감아올려
앞마당 경사진 뜰에 봄을 심는다

날마다 새 꽃을 입양하는 작은 뜰처럼
내 마음 밭에도 봄꽃 몇 포기 옮겨
꽃에 취하는 3월이다

푸조나무 곁으로 가려고

담양 관방제림
이름도 낯선 백여 그루 푸조나무가
머리를 하늘로 쳐들고 팔 벌리고 서 있다

코로나 난리에도 세상의 봄은 오고
제방 아래 물은 변함없이 흐르건만
신록 무성한 오월
내 몸은 왜 피가 돌지 않는 걸까

47번 느티나무 우람하게 멀쩡하고
짝 없는 70번 은단풍 홀로 제 몫 다하는데
이백 년 토막 난 벚나무도 잎을 피웠는데
팽나무 잎처럼 반질거리던 나는 없고
몇 잎 바람에 달고 흔들리며
나는 서 있다

담양 관방제림에서
두 아름이 넘는 노거목의 껍질을 어루만지며
나는 땅속에서 끌어올린 수액을 받고 있다
여기저기 주사기를 꽂고
하늘로 팔을 벌리고 서 있다

오월의 푸름이 성근
이름이 낯설어 가까워지고 싶은
푸조나무 곁으로 가려고

연리목

팽나무와 참나무로 태생은 달라도

서로는 사랑해서
다시는
떨어지고 싶지 않았습니다

속살 찢는 아픔을 부둥켜안고
백 년을 살아왔지만

이제는 편안하여
천 년 세상을 그리고 있습니다

인간세상
국경 없는 사랑을 외치는 사람들아

나무 종^{種}이 다르다고
우리의 마음까지
다르지는 않습니다

담쟁이

차디찬 달이 내려다보는 동지섣달
나는 마른 실핏줄로 벽화를 그렸다
얼어 죽지 않으려고 안으로 들어가려 했지만
너는 문을 닫았다

내가 밖에서 떨고 있을 때
너는 따뜻한 거실에서 눈 쌓이는 풍경을 보며
커피를 마셨다

깡마른 내 몸에
봄비 한 줄기 내려 더운 피 뿜어 살 오르고
어린 첫 잎 세상에 내걸었을 때

너는 비로소 나를 발견하고
맨 처음 인자한 미소로 내 이름을 불렀지만
너를 떠나 내 꿈은 하늘에 있었다

차디찬 벽에서 겨울을 살았던 나는
내 이름 한 번 부르지 않던 너를 내려다보며
하늘을 오른다 수직의 상승을 꿈꾸며
여왕의 의상을 하고 하늘을 오른다

조사(弔辭) 올리는 단풍나무

내장산 단풍나무 터널을 지나 절에 오르니
대웅전 불타 없어진 검은 자리에
서너 평 초라한 조립식 건물
큰 법당 대신 나그네를 맞는다

전생의 업보인가
나도 잿더미로 주저앉는데
법당에서 흘러나오는 독경소리만
서래봉 골짜기를 타고 오른다

나무의 슬픔을 다 가져다 놓은 듯
내장산은 녹음으로 흐느끼는데
인적 끊긴 고요가 후회스럽게
인간의 오욕을 짓누르고 있다

단풍나무 세 그루 빈손을 들고
인간 대신 불경죄를 용서받고자
불타버린 대웅전을 향해
조사를 올리고 있다

꽃무릇 · 14

마음 주워들고 찾아간 선운산 계곡
해와 달이 바뀌고 서늘한 계절
해마다 흔들며 붉고 붉어서
서로의 모습 감추는 상사의 꽃

이제는 연緣을 버리렵니다
한 뿌리에 든 사랑인가요
이승의 삶이 다르니 눈물인가요
그렇게 비껴 돌며 살고 있어요

냉이 꽃 휘날리니

꽃밭에 들지 않아도
들길 언덕에 무더기로 핀 냉이 꽃
4월이면 냉이 꽃도 한철
피기 전 보이지 않아 붙박이로 찾던 냉이
꽃 기둥 끌어 올려 무리 지어
작지만 눈길 붙잡는 맑은 흰 꽃

봄의 부활 꿈꾸며 언 땅을 뚫어
봄 식탁에서 사랑받던 냉이
긴 둑길 향 깊게 뿌리내려 꽃길이 된다

눈부신 4월의 꿈을 마시며
하늘하늘 봄이다 봄
샛바람에 냉이 꽃 휘날리니
내 마음 덩달아 길 따라 흔들린다

밤톨 줍는 9월

과일 중 밤이 제일 맛있다는 엄마
십년 전 심은 밤나무 이웃에게 보시하다
농막 가까이 짓고 옹골차게 줍는다
9월이 오면 세 그루의 밤나무가
수런수런 밤톨을 떨구는데
알밤 줍는 재미에
하루에도 여러 번 밤栗 언덕을 오른다
두어 바가지 엄마께 가져다 드리면
밤송이 벌어지듯 엄마의 입 속 환해지고
아버지 살아계시면 큰 밤톨 골라 드릴 텐데

주인 없어 관리 안 된 산밭에서
산山밤이 맛있다고 가마니로 주워 오신
아버지의 허리 숙인 통증이 서럽다

벽에 걸린 그림

엄동설한 마른 벽화를 그린
저 지탱이 아찔하다

너는 밖에서 나는 안에서
한 건물에 살며 마음을 쏟아
마른 실핏줄
봄비 한 줄기에 연갈색 물감을 푼다

내 안에도 직장의 한기는 서려
죽은 듯 살아 긴 봄을 기다려
통증의 날 하루하루 저물고
봄빛 서나서나 웃음 그려지는 벽

줄기 하나 흙에 묻고 높아가는 집념
나의 날도 지극하여 우리는 당당하다
긴 겨울을 견딘 생명의 축제
장한 박수를 길게 올린다

눈 오는 들녘

봄부터 가을까지 세 개의 계절을 건너며
동지섣달 헐거워진 논바닥이
빈 몸으로 남은 한 계절을 가볍게 눕는다
분주하던 사람들 매운 겨울엔 관대하여
들녘에게 쉼의 선물을 준 메마른 12월
짐승의 포효 같은 사나운 눈이 내린다
첫사랑 약속 같은 함박눈의 설렘
하얗게 또는 까맣게 아흐레 동안 쏟아진다

논바닥을 덮고 논바닥 그루터기를 덮고
농로를 덮고 길가의 마른 풀을 덮어
들녘은 온통 눈의 나라다
덮고 감추는 하얀 세상에
비로소 농촌의 사람들 너그러워진다
헐겁고 휑한 들이 눈 이불 속에 휴식을 하는 동안
나그네 한 사람 눈이 좋아 어찌할 줄 몰라
눈 오는 들녘은 따뜻한 사랑이다

눈 속 얼갈이배추

쌓인 눈 잘게 부서져 유리알 반짝이는
언덕 아래 밭 봉긋 올라온 눈 더미 파헤치면
푸른 잎 두른 노란 속살 얼갈이배추
긴 겨울을 어찌 날지 미심쩍은
폭 배추와 다른 태생 얼갈이배추인데
한 달 지나 모양새 갖춰
늦가을 내내 상추 대신 쌈을 싸고 된장국 끓여
몇 손씩 뽑아 새 김치 담가 먹은
흰빛 속에서 순수로 남아
영하의 눈을 이불 삼아 몸 웅크린 배춧잎

눈을 품어 사각거리는 꿀맛 사이다 같은
긴 겨울 식탁을 새 맛으로 감싸는 얼갈이배추
한겨울 살아 눈이 부시다

가지치기

빈 몸으로 가벼운 혹한의 겨울
절기 흘러가 봄이 자라면
특별한 방식 없이 여기 저기 뻗는 가지들
나무의 새해 설계는 가지치기로 시작한다

하늘로 자란 직선 가지
땅을 향한 수직 가지
빽빽이 모인 자리 그늘로 숨은 자리
몸통에 기댄 굵은 곁가지도 잘려 나간다

비스듬히 뻗어 곡선을 이룬 가지
보기 좋게 몸을 만든다
남은 가지 눈을 틔워 쑥 내민 새로운 가지에
잎이 나고 감꽃 달려 열매가 핀다
중심의 공간을 열어 하늘의 꿈을 부르고
바람과 햇볕에 초록이 주홍으로 익는다

가지 줍기

바람 지고 밭에 나가 가지를 줍는다
매화 한 두 송이 몸을 열고
몸단장한 감나무가 초록을 딛고 선다
널브러진 굵고 가는 가지들
따뜻한 지면 위로 일어서는 잡풀
널려 있는 잔가지를 끌어안는다

일 년 농사는 풀과의 전쟁
가지치기 쉬워도 줍는 것 어려워
몸 펴고 몸 구부려 가지 줍는 일
서서하는 가지치기보다 몇 곱절 버겁다

봄이 자라는 3월
한 뼘 높이 초록 풀이 가지를 품어
우수 지난 며칠 갈색 가지 모아 파쇄 중이다

들녘 풍경

잡초 없애자고 보배로운 땅에 몹쓸 짓이다
이월 들녘이 영상의 수은주를 끌어안으면
농부의 마음은 부산하다
트랙터와 포클레인 논바닥 흙을 갈아엎어
낮은 땅 돋아 평평한 모양을 갖추고
멀칭 비닐과 고랑 부직포
새로운 파종을 위해 묵은 비닐을 걷어 낸다

섬처럼 솟은 들녘 가운데 큰 밭에
우사와 돈사에서 나온 고약한 냄새 나는 거름이
산처럼 쌓여가며 냉이 캐는 내 코를 후벼 파더니
어느 덧 흙과 섞여 기름진 땅으로 바뀐다

붉은 고추 키워낸 자리
무 배추 심어 풍성한 언덕 아래 밭에도
봄철 농사는 시작된다
여름내 숨 막히는 더위에 풀씨 잠재운 비닐 걷어
잠시나마 숨 쉴 틈 주어 흙빛 곱게 일어선다

5부

기억하지 못하여

환장하겠네!
매실나무 근처를 지나가는데
썩-소 섞인 남편의 말 귀에 안긴다

벚꽃도 개나리도 철없이 핀다는 꽃소식에
청 매화 열두 그루 가지마다
봄에는 어떡하려고 여기 저기 망울 맺어
내년 봄에는
우리 집 매화는 귀하겠다
대설 절 따뜻한 날씨 믿고
한겨울 시련이 두려워서
온몸 푸른 열꽃 미리 뿜었나

인간의 잘못으로 죄 없는 꽃들
계절을 기억하지 못하여
경계가 무너지는 열두 달이다

깨벌레가 되자

1.
어린 시절 겨울은 왜 그렇게 추웠던지
내복 껴입고 얼굴까지 목도리로 감싸고
우리는 깨벌레가 되었다

세수하고 문고리를 잡으면 쩍쩍 얼어붙었고
깨벌레가 되어야 학교에 갈 수 있었다

어른들은 깨버럭지 같다고 놀려댔다
두리뭉실 통통한 깨버럭지

요즘 젊은이들은 내복을 입지 않아
날씬한 자벌레가 되었다

2.
편리함이 낳은 지구온난화
기후위기로 변화무쌍한 계절을 보낸다
코로나19 바이러스는 인간사회를 해체하고
롤러코스터 위로 우리를 몰고 있다

어린 날처럼 깨벌레가 되자
내복 입고, 다숩게 옷 껴입고, 목도리 두르고
밥도 제때 먹으면 겉과 안이 든든해진다
자벌레가 되지 말자

가끔 히터를 꺼도 좋고
보일러 가동시간을 줄여도 산다
너도 나도 깨벌레 되어 탄소를 줄이면
지구는 편한 숨을 몰아쉬겠지

생명이 있는 것들

텃밭에서 커 가는 상추 잎 속에는
민달팽이도 나비 애벌레도
풍뎅이 같은 왕사슴벌레도
한 칸씩 세 들어 잘 살고 있다

돈 안 주고 세 들어 살아도
상추는 그냥 받아들인다

상추를 솎으며 생명을 생각한다
상추는 커가며 그냥 밀쳐낼 뿐
죽이지 않는다

어릴 때 소름 돋던 쐐기벌레도
예뻐 보여
봄 두릅 딸 때 그냥 두고 온다

살아 있는 것들은
제 몫의 생명을 갖고 있다

어디로 갈까

북극 빙하야, 인간 원망스럽다고

네 몸 쩍쩍 갈라 녹이지 말라

먹이 찾는 북극곰 어디로 갈까

네가 죽으면 지구별 하나도 사라진다

관심 갖기

내가 사는 곳 주차장에는
눈雪의 색으로 태어나 눈眼만 까만
아기 고양이가 산다
어린 닭 먹이 삼아 목숨 이어가던
섬뜩한 고양이 그토록 싫은 놈
문밖 쌍 나팔로 쏟아내는
고양이 두 마리의 울분이 서러워
죽고 태어나고 죽고 태어나는
캣 맘 먹이를 놓아
길고양이 생명을 연장시킨다

딸아이는 물을 챙겨주고 살피지만
나는 감정 없이 흘려보낸 눈 오는 계절
아기 고양이 내 차 아래 몸을 누이고
매일 길나서며 녀석과 눈빛 더한 어느 날
아기 고양이의 흰빛에 홀려
찬 가슴에 온기가 내려 관심 갖기 시작한다

장수풍뎅이의 뒤집기 놀이

풀벌레의 목청 들끓어 푸른 들판 색을 바꾼
햇살의 기가 꺾이는 절기
숲 가까운 방 한 칸 집 앞마당에
덩치 큰 풍뎅이 하나
저 혼자 뒤집어져 난리법석이다
여섯 개의 다리 꺾어 분주한 걸음걸이
지켜보다 지쳐 돌아서는데
어느새 몸 바로 작은 비행을 한다
안도의 발길로 뒤돌아 다시 보니 또 그 자리
뒤집어져 걸음걸음 반경을 넓힌다

깊은 속내 몰라 반듯하게 돌리려다
작은 곤충 옆에 놓자 금세 바르게 뒤집는다
땅보고 걷던 길 뒤집어 하늘 넓은 줄 알아
가끔 세상을 달리 보는 저 안목
그래 나도 거꾸로 보자, 다른 세상을 보자
암컷 장수풍뎅이가 이 저녁에 시를 쓰고 있다

물씨 살리기

농막 앞마당 분가루 같은 눈가루 푹푹 퍼
냄비에 녹여 꽁꽁 언 수돗물 마중물을 만든다
분가루가 몇 방울 물이 되기까지
지지직거리며 야단법석하더니
간신히 냄비 밑바닥 물을 만들어낸다
몇 번씩 끓여 만든 눈물로 수도관을 달래면
남극 물보다 귀한 물이 드디어 몸을 푼다

십 년 치 눈이 한꺼번에 내린 듯
과수원이 눈의 나라로 옷을 바꾸어 입자
하룻밤 새 영하의 추위가 수도관을 얼리고
한 방울 물도 준비되지 않은 계절 한가운데
농막 가득 쌓인 눈가루 눈을 보며 궁리하던 중
사십 년 전 육백 고지 방장산 정수리에서
코펠에 눈을 담아 라면 끓여 먹던 생각이 나서

눈이 좋아 눈에 묻혀 산 보름 동안
개수대는 저녁이면 똑 똑 똑 링거액을 맞고
링거 조절 실패로 관 속의 물이 여러 번 죽고
그릇 그릇 챙겨 둔 물로 새 물씨를 만든다
물씨를 지키는 철없는 여인은

그래도 눈이 좋아 눈 바라기하며
너른 창문 활짝 열고 펑펑 쏟아질
함박눈을 기다리고 있다

거리두기

산 너머 사는
여남은 유기견 식구로 들여
고기반찬 해 먹이며 보살피는 보살 같은 사람을 두고
바람처럼 떠도는 유기견 한 마리
컨테이너 창고 근처 거처를 정하고
동네를 돌며 밥을 얻는다

컨테이너 가까운 농막에서 유기견과 부딪치나
남는 밥 한술 나눌 수 없는 모진 정
못 사는 이웃 챙김보다
늦둥이 자식 된 견공 위치 높아지는 세상에
주변을 순찰하며 묵언의 인사
잊지 않는 유기견 바둑이

밥 없어 슬피 돌아서는 뒷모습 마음 아려도
자연 숲 가까이 살며 바람 같은 생
좁혀지지 않는 너와 나의 거리

물 없는 하루

물그릇이 비어 있다
가득한 물 어쩌다 한 모금 홀짝인
목 안 풀어줄 생명의 물 보이지 않아
횃대에서도 잠들지 못하는 초조함
감나무 밭 한쪽 삼십여 마리 닭이 살고
우리 갇혀 지낸 여러 날 입춘 지나 바깥 구경에
감나무 사이사이 왼 종일 뛰놀다가
해 설피 집에 드니 목 매이는 사료만이 가득하다

수도공사로 생명의 물이 끊기고
안타까운 주인 여러 번 수도를 열어
다 늦은 저녁 공급된 물을 그릇그릇 채운다
못 마신 하루치 물 원 없이 배에 담는지
원형 그릇 빙 둘러 떠나지 않는 말 못하는 짐승
마시고 마시는 품 안 자식 같아
보는 내내 안쓰럽고 뿌듯하다

매화 피다

다섯 장 둥근 꽃잎 웅크린 몸을 펴는
예서제서 뽕뽕 소리 없이 터지는 외침
매실나무 20여 그루
과수원 길 따라 꽃길 되어 부른다

꽃잎 말아 접어 품에 숨긴 채
망울망울 한 달 내내 도도하더니
꽃 피길 기다리는 애간장을 녹여
생명이 몸 뒤트는 다사로운 봄날

고품격 자태 어느 꽃에 비할 수 없는
코끝 감아오는 향, 3월의 첫 꽃 매화
마침내 겨울잠을 털고 일어선다

매실

뒷산 언덕 매화나무 심어놓고
방장산 머리 흰 눈 녹으면
꽃눈 열리기를 기다렸다

흰 듯 푸른 듯 청 매화 피어 서늘해지면
봄은 그때서야 문을 열었다

망종이 되자
꽃 내려놓고 푸르게 열린 열매
매실 청 매실 술 되기를 기다린다

미쳐 손닿지 않은 우듬지의 열매
노란 방향제 되어 숲을 적신다

방향제를 따라가면 매실 밭에 이른다
나의 삶도 그랬으면 좋겠다

매실 한 알도 아름답게 져 가는데
숲은 자꾸 푸르러 가는데
매실처럼 나눌 수 있다면 참 좋겠다

봄비

갈색 풀 촘촘히 엮은 마른 땅 푹푹 떠서
속살 붉게 뒤집은 한 평 남짓 텃밭을 만들어
퇴비 넣고 시금치 치마아욱 봄 채소를 심는다
긴 철심 낮게 구부려 터널 만들어
영하로 떨어질까 꼭꼭 덮어둔 이십 일
덮은 비닐이 가문 땅 더 말려
드문드문 네댓 개 틔운 싹에 한숨짓는다
한밤중 지붕 두드리는 소리
기다리는 단비라서 사납게 오는지
깊이 잠든 저것들을 깨우려고
윙윙 사선으로 소리치는 봄비

구멍 난 검은 옷 두른 들녘에
비척비척 씨앗 일어서는 소리
마른 가지 새싹 터져 잠을 깨는 소리
보이고 들리는 멀리 가깝게
바람까지 퍼붓는 속내를 나는 안다

봄비 내려

마실 나간 엄마 돌아와 저녁밥 하듯
반가운 비가 생명의 밥을 짓는다

마른 땅 적셔 가며 심어 놓은 작물
애 보듯 지켜보며 잘 커 주길
일기예보 비 소식 하늘 보고 기다려도
빗나가는 날씨 섭섭한 마음
입하 일주 전 더디고 반가운
얌전하고 바람 없는 비가 제법 오는데
5일 전 심은 칠백 포기 고추밭에 오고
가지 오이 호박 토마토 심은 텃밭에 오고
일찍 심은 상추 비 없어 그대로인 땅에도
마른 흙 뒤집어쓰고 클 줄 모르는 부추 밭까지
생명의 밥 고루 주는 엄마의 사랑

내일이면 고사리도 올라오고
두릅나무 곁순도 새로이 솟아
체험 오는 동생들도 신이 나겠다

개구리 운동장

5월 한바탕 못비 내리자
앞 들녘은 바다만한 개구리 운동장이 되어
우물을 뛰어나온 개구리 식구들
찰방찰방 넓은 세상 흥에 겨운 밤
바람 살랑거리고 별빛 녹아들어
목청 다듬기 좋은 봄밤
한 소절 창으로 득음 중이다

짝이 없느냐 잠이 오지 않느냐
조용히 하라고 발을 구르면
순간 숨 고르다 판소리 완창 하는 소리꾼들

어린 날 개구리 울음 아직 귀에 남아
들녘 추억에 실려 오고
무논 가득 벼 포기 푸르러지면
포기 포기마다 숨어드는 소리꾼들 이야기
서둘러 길 떠나는 5월을 본다

해설

자유롭고 자연스러운 사유의 페이지들
  － 표순복의 『세 그루 빈손』을 중심으로

김영(전북문학관장, 전북문인협회장)

자유롭고 자연스러운 사유의 페이지들
– 표순복의 『세 그루 빈손』을 중심으로

김영(전북문학관장, 전북문인협회장)

1. 시인 표순복의 문학적 영토에 대해

 필자는 문단에서 활동하는 동안 고창문협에 '표순복'이라는 시인이 있고, 문단 활동을 열심히 한다는 것 정도를 풍편에 듣고 있었다. 전북의 모 단체에서 근무하고 있고, 그 단체 행사에 시 낭송으로 분위기를 바꾸기도 한다는 것 정도를 이런저런 경로로 들어왔다. 그러다가 2022년 고창에서 발간하는 동인지 『시맥』을 받아 읽게 되었다. 당시에 박종은 고창예총 회장님이 쓰신 표순복 시인에 관한 글을 읽다가 깜짝 놀랐다. 표 시인의 물리적인 나이며 문단 활동의 저력이 그냥저냥 시를 써온 시간이 아니라는 것을 그제야 알아챘기 때문이다.

 표순복 시인은 1980년대 '모양문학회'의 홍일점 여성회원으로 활동을 시작하여 지금까지 40년 가까이 문학활동을 해온 사실상 우리 고창의 여성시인 제1호라고 생각한다. 너그러운 성품과 적극적인 문학활동으로 고창문학이 발전하는데 항상 중심에서 노력해 왔으며 전라북도의 문단에서도 활발한 활동을 하고 있다.(박종은, 고창시맥회 동인지《내 마음의 노래》2022 제7

호에서 따옴)

  박종은 고창예총 회장님의 글을 읽고 나서야 알아챈 사실들이 좀 미안하기도 하고 한번쯤 차 한 잔 대접하고 싶은 마음도 있던 차에 표순복 시인의 시집 『세 그루 빈손』에 짧은 감상의 글을 쓸 기회가 생겼다. 시인으로서의 표 시인을 들여다보고 싶었고 표 시인의 작품 전체를 읽어보는 좋은 기회라 생각하고 덥석 받아 안았다.

> 인간의 욕심은
> 자연과의 공존을 넘어서고 침범하여
> 그들과의 경계는 모호해졌다.
> 대가代價는 변종이 판치는 혼돈의 시대.
> 한 편의 시詩가
> 세상을 위해 무엇을 할 수 있을 것인가?
>   - 시인의 말 (표순복 시집 『나무 곁으로 가다』)

  표 시인의 시적 영토와 시의 값어치를 걱정하는 마음이 담긴 '시인의 말'이다. 표 시인이 시를 대하는 자세는 이번 작품집에서도 한결같다. 표 시인은 자연과 환경에 대한 윤리적 성찰을 기저로 하여 작품마다 선명한 메시지를 담아낸다. 시인의 이런 시적 행위는 오래 우리와 함께 있었고, 우리보다 먼저 존재해 있던 자연을 호명하여 일일이 눈을 맞추는 교류라고 할 수 있다.

2. 감과 나무를 통과한 사유들

　표순복 시인은 긴 직장생활을 마치고 고향인 고창으로 돌아갔다. 봄이면 매화꽃이 가득 피어나고 가을이면 감나무의 감들이 장관으로 익어가는 작가만의 공간이다. "매감원"이라는 이쁜 이름을 가진 공간에서 표 시인의 작품은 본격적으로 피어나고 제대로 익어갈 준비를 마쳤다. "매감원"의 생활과 표 시인의 시의 텃밭을 작품 몇 편을 통해 짐작해보려 한다.

　　　　돈이 된다고 일확천금을 꿈꾸었던가
　　　　머릿속 생각이 바로 행동인 그가
　　　　십수 년 전 대책 없이 심은
　　　　삼천여 평 감나무 밭에서 이십 여일 붙들려 있다
　　　　농사를 지어본 사람은 안다
　　　　부자재 값 비싸고 인건비 높아
　　　　돈 안 되는 농사라고
　　　　마음 헤아려 주는 친구 덕에 감을 고른다

　　　　나무는 고목으로 늙어가시만
　　　　가지치기를 잘하나 보다고
　　　　해마다 새순에서 좋은 감 무량이 내어주니
　　　　웃어야 할지 울어야 할지
　　　　구경삼아 들른 사람들이 일손을 거든다
　　　　울고 웃으며 가슴 속 응어리 풀려
　　　　오늘도 감을 따러 밭에 들고 있다
　　　　　　　　　　　　　－「대봉감 이야기」 전문

"머릿속 생각이 바로 행동인" 표 시인의 남편은 감나무를 삼천여 평에 심었다. 그러나 어디 농사가 그리 만만하던가? "돈이 된다고 일확천금을 꿈꾸"던 감 농사가 별로 신통하지 않다. "나무는 고목으로 늙어가지만/가지치기를 잘"한 덕분인지 "해마다 새순에서 좋은 감"이 많이 열린다. 이런 감나무 밭에서 "이십여 일을 붙들려 있"으면서 "울고 웃"는다. 생산량이 많을수록, 일거리는 많아지고 수익은 적어질 수밖에 없는 농사의 원칙 때문이리라. 이런 매감원의 생활은 원래 자연 친화적인 표 시인의 시적 감성을 돋아주는 시의 원천이 되고 사유의 수원지가 된다.

> 생전을 자식위해 진 다 빼시고
> 앙상히 늙으시던 부모님
> 휑한 들판에서 하늘로 가지를 뻗은 감나무가
> 빈 밭 지키며 찬바람 맞고 있다
>
> ―「감나무」 일부

"빈 밭 지키며 찬바람 맞고 있"는 감나무를 보며 시적 자아는 "앙상히 늙으시던 부모님"을 떠올린다. 일반적인 부모님의 생이 다 그렇듯 시적 자아의 부모님도 "생전 자식위해 진을 다" 뺀 삶이었다. 이런 부모님의 모습을 "휑한 들판에서 하늘로 가지를 뻗은 감나무"와 일치시켰다. 이 작품 속의 부모님과 감나무는 둘 다 "앙상"하다. 부모님은 뼈만 남아 마른 몸으로 자식들을 우러렀을 것이고 감나무는 빈 가지만 남아 하늘을 받들었을 것이다.

표 시인의 시적 기조는 생활 속 체험을 통해 구축한 자유롭고 자연스러운 사유들이라고 할 수 있다. "곶감의 주름을 펴는 일/내 마음의 주름을 지우는 것 같아/손가락 아프게 정성의 매무새를 갖춘다."(「곶감 주름 펴기」) 마르고 단단한 곶감을 보기 좋게 매만지는 일도 감 농사의 일부분이다. 감나무를 가꾸고 그 소출인 곶감을 다루면서 시적 화자는 마음도 보살핀다. "손가락 아프게" "곶감의 주름"을 반듯하게 펴는 일이 "마음의 주름을 지우는" 일로 확장된다. 시인의 삶은 이렇게 일상이 시적 기조가 되고 마음 수양의 원천이 된다. 자연을 통해 구축한 사유를 엿볼 수 있는 표 시인의 작품 하나를 더 소개한다.

내장산 단풍나무 터널을 지나 절에 오르니
대웅전 불타 없어진 검은 자리에
서너 평 초라한 조립식 건물
큰 법당 대신 나그네를 맞는다

전생의 업보인가
나도 잿더미로 주저앉는데
법당에서 흘러나오는 독경소리만
서래봉 골짜기를 타고 오른다

나무의 슬픔을 다 가져다 놓은 듯
내장산은 녹음으로 흐느끼는데
인적 끊긴 고요가 후회스럽게
인간의 오욕을 짓누르고 있다

단풍나무 세 그루 빈손을 들고

> 인간 대신 불경죄를 용서받고자
> 불타버린 대웅전을 향해
> 조사를 올리고 있다
> 　　　　－「조사^{弔辭} 올리는 단풍나무」 전문

몇 해 전 내장사 대웅전이 화재로 소실되었다. 술에 취한 승려가 저지른 일이었다. 단풍 든 내장산의 가을 경치는 너무 유명해서 더 거론하는 것 자체가 오히려 부담스럽다. 시적 자아는 불이 난 후의 내장사를 방문한다. "대웅전 불타 없어진 검은 자리에/서너 평 초라한 조립식 건물"만 우두커니 서 있는 법당 앞에서 시적 자아도 "잿더미로 주저앉는"다. 어찌할 수 없는 인간의 "불경죄를 용서받고자/불타버린 대웅전을 향해/조사를 올리"는 단풍나무 세 그루를 만난다.

여기서 시를 읽는 독자는 "내장산은 녹음으로 흐느끼는데"라는 구절과 "단풍나무 세 그루 빈손을 들고"라는 구절의 계절감이 서로 어긋난다는 것을 눈치 챌 것이다. 화재 이후의 내장산은 아랑곳없이 계절을 따라 녹음이 짙다. 그러나 녹음이 우거지는 계절에도 대웅전 앞의 단풍나무 세 그루는 아직 잎을 내지 않고 있다. 불 먹은 탓일 수도 있을 것이다. 시적 자아는 불타 없어진 대웅전의 모습을 "잿더미"가 되어 보고 있다. 대웅전 앞의 단풍나무 세 그루도 완전히 소실된 대웅전 앞에서 새잎을 낼 힘을 잃었으리라. 아직 슬픔에서 빠져나오지 못했으리라.

이렇게 시적 화자와 단풍나무는 물아일체가 되어 슬프고 참담하고 후회스러웠으리라. 용서하실 때까지 빈손으로 조사^{弔辭}를 올리리라. "인간의 불경죄"를 용서받기 전에는 저 단풍나무

에는 새순이 돋지 않으리라. 왜냐면 시적 화자가 보는 나무의 새순은 그냥 계절이 바뀌면 의례적으로 돌아나는 것이 아니기 때문이다. 나무가 새순을 내는 일이 얼마나 대단하고 감격할 의미를 지녔는가에 대해 표 시인의 「첫 잎 만나던 날」을 읽어보면 "한 해의 첫 잎을 만나는 일이/나를 개벽하는 일처럼 신선하다"라고 언술하고 있다. 나무와 시적 자아가 일체의 경지까지 다가간 언술이다.

　이는 이충이 평론가가 "표순복은 자연과 그 풍경 속의 풍경과 사물을 모두 의미 있는 시선으로 보고 있다. 일련의 시에서 사유적 체험이 솔직한 자기표현의 결과로 나타나고 있는데, 이는 자신의 주관적인 감각과 세련된 정서로 전개되고 있다."(2012년에 발간한 표순복의 제1시집 『특별하지 않은 날의 주절거림』에서)라고 서술한 구절과 맥락이 닿아있다.

3. 사람과 환경을 아우르는 사유들

　표순복 시인의 삶은 자연을 떠나 생각할 수 없다. 마찬가지로 그의 작품들도 자연과 유리된 작품은 찾아볼 수가 없다. 표순복 시인의 작품에서 자연과 교감한 흔적들을 찾는 것은 '세수하다가 코만지는 격'이다. 그만큼 표 시인의 작품은 자연과 단단히 손잡고 있다고 보아야 할 것이다.

　이는 정군수 평론가가 "표순복 시인의 많은 시들은 자연과의 교감을 통하여 내적 감동을 표현한 정서로 나타나 있다. 그분의 자연은 시를 쓰기 위하여 의도적으로 찾아 나선 자연이 아니라 자신을 찾아가는 자아 성찰의 길이었다."(2020년에 발간한 표순복의 제2시집 『나무 곁으로 가다』에서)라고 서술한 맥락과도 일치한다. 정군수 평론가의 언술대로 표 시인의 시들은 자연과의 교감을 통해 표 시인에게 다가온 순간들을 성실하게 받아쓴 결과로 여겨진다. 물과 관련된 작품 두 편을 소개한다.

농막 앞마당 분가루 같은 눈가루 푹푹 퍼
냄비에 녹여 꽁꽁 언 수돗물 마중물을 만든다
분가루가 몇 방울 물이 되기까지
지지직거리며 야단법석하더니
간신히 냄비 밑바닥 물을 만들어낸다
몇 번씩 끓여 만든 눈물로 수도관을 달래면
남극 물보다 귀한 물이 드디어 몸을 푼다

십 년 치 눈이 한꺼번에 내린 듯
과수원이 눈의 나라로 옷을 바꾸어 입자
하룻밤 새 영하의 추위가 수도관을 얼리고
한 방울 물도 준비되지 않은 계절 한가운데
농막 가득 쌓인 눈가루 눈을 보며 궁리하던 중
사십 년 전 육백 고지 방장산 정수리에서
코펠에 눈을 담아 라면 끓여 먹던 생각이 나서

눈이 좋아 눈에 묻혀 산 보름 동안
개수대는 저녁이면 똑 똑 똑 링거액을 맞고
링거 조절 실패로 관 속의 물이 여러 번 죽고
그릇 그릇 챙겨 둔 물로 새 물씨를 만든다
물씨를 지키는 철없는 여인은
그래도 눈이 좋아 눈 바라기하며

>   너른 창문 활짝 열고 펑펑 쏟아질
>   함박눈을 기다리고 있다
>
>   　　　　　　　－「물씨 살리기」전문

  물은 우리에게 너무나 중요하다. 우리뿐만이 아니다. 세상에 모든 "숨 탄 것"들, 생명이 있는 모든 것은 물 없이는 단 하루도 지내기 어렵다. 생존에 절대적이어서 사람이 살 수 있는 마을은 물이 기본조건 중의 기본이다. 새로 이사 갈 집을 둘러볼 때 수도꼭지를 틀어 수압을 점검하는 것은 기초상식이다. 물은 생존에 절대적이어서 흥정하거나 대체할 수도 없다. 그러나 우리는 물의 소중함을 자주 잊고 산다.

  이 작품에서 시적 자아는 물이 절대적으로 필요한 농막에서 물씨를 간직하는 일에 실패한다. 눈이 펑펑 내리는 겨울에 수도꼭지를 조금 틀어놓아야 수도가 얼지 않는데 "링거 조절 실패로 관 속의 물이 여러 번 죽"은 것이다. "사십 년 전 육백 고지 방장산 정수리에서/코펠에 눈을 담아 라면 끓여 먹던 생각이" 난 시적 화자는 "농막 앞마당 분가루 같은 눈가루 푹푹 퍼/냄비에 녹여 꽁꽁 언 수돗물 마중물을 만든다" 물씨를 만드는 것이다. 이렇게 만든 물씨로 수도관을 녹이면 수도관 속에 얼어있던 "물이 드디어 몸을 푼다" 이렇게 물씨를 지키는 일은 생명을 지키는 일이어서 시적 화자의 이런 행위는 인간과 자연의 생명을 살려내는 것이다.

>   긴 가뭄 주말농장 고추밭은 누런빛이다
>   감 밭의 풋 열매도 주름을 새기고 있다
>   물기 마른지 오래

> 핏기를 잃어버린 생명들
> (중략)
> 이상하다 이상하다
> 하룻밤 새 이리 달라질 수 있다던가
> 푸른빛으로 일어서는 고추밭
> 수런수런 생명이 일어서는 소리가 들린다
> 주름 편 풋감들이 탱글탱글하다
> ―「꼭, 거짓말 같아」 일부

 위 작품의 시적 화자도 가뭄으로 받아가는, 고추와 감을 "핏기를 잃어버린 생명들"이라고 언술한다. 이는 자연과 인간이 하나의 핏줄로 살아가고 있다는 시적 화자의 생각이 무의식중에 발화한 것이라고 본다. 식물의 잎을 잘 살펴보면 식물의 잎맥과 사람의 혈맥은 매우 유사하다. 갯벌에 난 물의 길도 마찬가지로 혈맥이나 잎맥과 닮아있고 더 나아가 한 그루 나무의 모양을 하고 있다. 필자는 언젠가 사람 몸속의 신장을 구성하는 혈관이 한 그루 나무 같아서 외경심을 가지고 오래오래 들여다본 적이 있다. 굳이 애써 강변하지 않아도 자연도 선연한 "핏기"를 지닌 생명이라는 것이다. 다 죽어가던 생명들이 "꼭, 거짓말 같"이 일어서는 일, 물기 없어 자글자글 받아가던 것들이 "탱글탱글" 부풀어 오르는 일이 다 물의 '가피'라고 할 수 있다.

 표 시인은 주변 생명들에게도 지대한 관심이 있다. 관심이 있다는 것은 대상을 알아간다는 것이고 알아간다는 것은 대상을 사랑한다는 것이다.

딸아이는 물을 챙겨주고 살피지만
나는 감정 없이 흘려보낸 눈 오는 계절
아기 고양이 내 차 아래 몸을 누이고
매일 길나서며 녀석과 눈빛 더한 어느 날
아기 고양이의 흰빛에 홀려
찬 가슴에 온기가 내려 관심 갖기 시작한다
─「관심 갖기」일부

  위의 작품 속 시적 화자는 새끼고양이에게 관심이 없다. 아니 아무런 감정이 없다. 새끼고양이는 시적 화자의 "차 아래" 잠을 자거나 논다. 그러다 보니 매일 차를 쓸 때마다 새끼고양이와 눈이 마주친다. 눈빛을 서로 교환했다는 것은 "찬 가슴에 온기가 내려 관심 갖기 시작한다"라는 것이다. "아기 고양이의 흰빛에 홀려"라는 언술은 굳이 새끼고양이에게 관심을 가질 이유를 찾아낸 정도에 불과하다.
  이 작품에서 시적 자아는 '새끼고양이'를 '아기 고양이'라고 부르고 있다. '새끼'와 '아기'라는 말은 똑같이 '어리다'라는 뜻이다. 그러나 엄연히 구분해서 써야 하는 낱말이다. 또, 이 두 단어가 갖는 어감의 차이와 정서적 거리도 실로 엄청나다. '새끼'를 '아기'라고 호칭하는 순간 고양이를 대하는 시적 자아의 자세는 같은 혈육으로 여기겠다는 선언과 같다.
  자연은 표 시인의 작품의 수원지다. 이는 자연을 문학적으로 경험한다는 말이다. 문학적 경험이라는 말은 문학을 통해 존재의 저쪽을 들여다본다는 것이다. 들여다본다는 것은 확산한다는 말과 상통하고 확산한다는 말은 사물의 본질을 파악한다는 말과 이음동의어다. 또한 본질이라는 말은 본향이기도

하고 본향은 고향과 정서적 맥이 닿아있는 단어다. 자연과의 교감을 통해 시인의 사고가 확산된다는 것은 개인에서 사회로 시적 정서가 뻗어간다는 말이다. 혹은 주관에서 객관으로 확대되어간다는 말이다. 이는 시적 자아에서 타자로의 확대가 가능하다는 것이고, 확대가 가능하다는 것은 보편성을 획득한다는 말이기도 하다.

> 언제 밥 한 번 먹자 말을 듣고
> 기다려 본 적 있나요
> 그 밥 먹기 위하여 한 달 넘기고 일 년을
> 그 사람 얼굴 생각해 본 적 있나요
>
> 대가 없이 발급 받은 면죄부 같은 약속
> 뭐 그리 대수인가 넘길 수 있지만
> 연리지 같이 마주 앉아 밥 먹는 일
> 전생의 연이 닿아야 되는 일 아닌가요
> ― 「밥 사는 일」 일부

시적 자아는 보통의 사람들이 빈말로 건네는 "언제 밥 한 번 먹자"라는 말을 곰곰 되새긴다. "연리지 같이 마주 앉아 밥 먹는 일/전생의 연이 닿아야 되는 일이 아닌가요"라고 반문하고 있다. 표 시인의 작품들은 보통 화려한 수사나 기교를 부리지 않는다. 시가 시인을 떠나 존재할 수 없다는 이론에 기댄다면 이런 작품은 표 시인의 심성을 반영한 작품으로 보아도 무관하다. 위의 작품 속 시적 화자도 마찬가지다. "언제 밥 한 번 먹자"라는 말은 그냥 할 수 있는 말이 아니다. 서로 다른 사람들이 "연리지 같이 마주 앉아"야 가능한 일이 밥 먹는 일이기 때문이다. "전생의 연이 닿아야 되는 일"이 밥 먹는 일이기 때문이다. 표 시인은 자연과 소통하는 법도 이미 체득했지만, 자연의 중요한 일부분인 사람과의 소통도 허술히 하지 않는다. 이는 시인의 성품이 진솔하고 신의 있는 사람이라는 것을 시적 화자를 통해 증명하는 작품이기도 하다.

4. 나눔과 깨달음에 대한 사유들

표순복 시인은 자연과의 오랜 소통의 경륜으로 '꽃이 어떤 말을 하는지', '나무가 어느 방향으로 가지를 내는지' 잘 알아챈다. 다음에 소개하는 표 시인의 작품을 보면 교감의 기본이 적절한 간섭이라는 표 시인의 자세가 잘 나타나 있다.

> 빈 몸으로 가벼운 혹한의 겨울
> 절기 흘러가 봄이 자라면
> 특별한 방식 없이 여기 저기 뻗는 가지들
> 나무의 새해 설계는 가지치기로 시작한다
> —「가지치기」 일부

봄이 되면 겨울을 견딘 나무들이 새로운 가지를 내기 시작한다. 가지는 햇볕이 잘 드는 쪽이거나 공간이 좋은 쪽으로 자라기 마련이어서 나무들은 서로 양보 없이 햇볕과 공간을 다투며 가지를 뻗는다. 이때 시적 자아는 "가지치기"를 시작한다. 적절한 간섭이 자연에 어떤 영향을 미치는지, 혹은 세계가 비인간 중심으로 사고하는 일이 얼마나 가능한 지 등에 대해서는 여기서는 논외로 한다. 시적 화자의 '가지치기'에 깃든 자연에 대한 간섭은 자연과의 교감을 통해 새로운 질서를 수행하기 위한 준비단계라고 볼 수 있다.

  표 시인의 시는 비교적 리듬과 메시지가 일관된 편이다. 야단스러운 과장도 없고 이리저리 비튼 수사도 없다. 그저 담박하고 진솔한 문학적 메시지가 작품의 주조음이다. 묵묵히 자연과 교감하면서 얻어진 성찰을 존재에 대한 사유로 확산시킨다. 위의 작품에서 보듯이 표 시인의 작품을 읽는 독자는 한 편의 풍경화를 감상하듯 시를 읽다가 존재의 본질에 대한 성찰로 이어지는 노정에 자연스럽게 참여하게 된다. 시적 화자는 이리저리 제 방식을 고집하는 가지를 쳐낸다. 그러고는 "널브러진 굵고 가는 가지들/따뜻한 지면 위로 일어서는 잡풀/널려 있는 잔가지를 끌어안는다"(「가지 줍기」)처럼 다시 그 가지들을 수렴하는 것이다. "널려 있는 잔가지를 끌어안는" 시적 화자의 태도는 자연에 대한 적절한 간섭과 소통으로 시작하는 새로운 질서의 한 방식이라고 볼 수 있다.

> 나이를 먹어 박피 수술 중인 우리 집 감나무
> 껍질 속에 해충 숨어들어 알을 낳고
> 가려운 몸으로 십수 년을 살아온 나무
> 낫 같고 호미 같은 칼날 연장을 들어
> 갑옷 된 두꺼운 껍질 빙 둘러 벗겨내어
> 미학의 시술로 박피 단장을 하고
> 큰 가지에 새 살이 올라 노화를 늦춘다

각질을 벗은 감나무 뽀얀 속살에
엷은 고동빛 차림으로 봄맞이를 하고
허물 벗는 동물처럼 껍데기 벗어
가뿐해진 몸 비바람 불러
달콤한 열매를 매달 연구 중에 있다
─「박피 단장」전문

표 시인은 지역 문단의 오래된 노거수처럼 보배롭고 귀하다. 이제 직장 생활을 마치고 귀향한 표 시인은 "껍질 속에 해충 숨어들어 알을 낳고/가려운 몸으로 십수 년을 살아온 나무/낫 같고 호미 같은 칼날 연장을 들어/갑옷 된 두꺼운 껍질 빙 둘러 벗겨내어/미학의 시술로 박피 단장을 하고" 더께가 덕지덕지 낀 도시 생활과 이별하고 "달콤한 열매를 매달"것이다. "하루하루 허술한 삶을 씻고 닦아서/내 오두막에 갈무리한다/가끔 먼 길을 헤매다가도/쓰다만 시들이 기다리는 내 집으로 온다"(「시를 찾아서」)처럼 웹상에 지어놓은 오두막에서는 아직 발아하지 않은 표 시인의 사유들이 발화를 기다릴 것이다.

감과 나무, 사람과 환경 그리고 나눔과 깨달음으로 이어지는 표순복 시인의 사유 체계는 유난히 윤리적이다. 표 시인의 눈길이 닿는 곳마다 표 시인만의 감성으로 구축한 자유롭고 자연스러운 사유의 페이지들이 반짝인다. 표순복 시인이 자연과의 교감으로 정갈하게 차려낸 성찬에 초대받은 우리는 이 작품집을 읽는 내내 표 시인의 시적 영토를 부러워할 것이다.

이 도서의 국립중앙도서관 출판예정도서목록(CIP)은 서지정보유통지원시스템 홈페이지(http://seoji.nl.go.kr)와 국가자료공동목록시스템(http://www.nl.go.kr/kolisnet)에서 이용하실 수 있습니다. (CIP 제어번호 : CIP2015027052)

본 도서는 전라북도문화관광재단 2023지역문화예술육성지원사업의 지원을 받아 발간되었습니다.

한국대표시인선 · 117

세 그루 빈손

초판 1쇄 인쇄 2023년 7월 15일
초판 1쇄 발행 2023년 7월 20일

지 은 이 · 표순복
펴 낸 이 · 장병환
펴 낸 곳 · 도서출판 시와산문사
주   소 · 03173 서울시 종로구 새문안로 5가길 11(내수동)
　　　　　옥빌딩 503호
전   화 · 02.738.5595
e-mail · sisanmun2@daum.net
등록번호 · 제1987-000010호

값 12,000원

ISBN 979-11-93032-02-2 03810

* 한국간행물윤리위원회의 윤리강령 및 실천요강을 준수합니다.
* 잘못된 책은 교환해드립니다.